Lisanna Cuccini

Ed io mi guardo vivere

Mnamon

Noi siamo quello che amiamo

Se me ne andrò, non sarà per sempre
ritornerò in germogli e licheni
e insieme al vento
farò volare le mie canzoni

Lassù, dove si distendono nel sole praterie carezzate dal vento che piega solitari larici, dove vanno sentieri silenziosi nell'ombra, dove valanghe bufere e crepacci ruggiscono e travolgono, lassù sgorga un canto di poesia, limpido e struggente come quel paesaggio sublime, ad un passo dall'eternità. La montagna con i suoi volti diversi e sempre uguali nel tempo che scorre è il paesaggio dell'anima di Lisanna Cuccini, poetessa ed alpinista. In queste nuove cinquanta liriche – che seguono a distanza di quattordici anni la bella raccolta intitolata La mia montagna, apprezzata anche da Teresio Valsesia e Annachiara Morrica Berra – Lisanna condensa una vita e la sua visione della vita. Al canto di Lisanna risponde l'eco muta della sua amata montagna, come nell'antica tragedia il coro circondava l'uomo, o la donna, che agiva e agendo viveva la sua vita effimera eppure coraggiosa davanti alle avversità, antiche e attuali. Un sentire romantico, dall'archetipo Obermann del Sénancour ai dipinti del Friedrich, pervade queste liriche. Non è un sentire di maniera: è vissuto con acuta sensibilità moderna, e per di più di donna.

Nel paesaggio e nel paese di montagna, vivono gli affetti più cari alla poetessa, e rivivono nel tenace ricordo, in una pietas religiosa di stampo antico: i figli, la nonna ("ridammi, nonna, il fiato di un racconto – che più nessuno ascolta", Nonna Teresa), il montanaro, figura simbolica di tutte le generazioni di montanari che hanno piantato le loro "amare radici nella storia". Compare qua e là un ricordo senza nome, più misterioso degli altri, verso il quale la poetessa sale "ogni sera – in punta di pensiero – sulle strade segnate dalle rondini – per raggiungere te ...", in una intimità perduta nel cosmo. Talvolta avviene di guardare il mondo con "occhi di luna piena", con meraviglia, anche quando "il mio plenilunio – sarà ombra", con un sussurro della più grande poetessa dell'antichità classica. La montagna, con la sua immensità e il senso dell'infinito e dell'eterno, porta a meditare sull'andare della vita e nella vita: "Lasciami alla mia pietra – dove poso – la breve eternità – del mio cammino" (Montagna amara). Il trascorrere del tempo lascia dietro di sé "ruderi", ma "dove indugia il dolce vento di marzo – esplode un nuovo fiore: – eco di vita nella lontananza". Ed è di nuovo vita, sfida perenne e tenace alla morte.

La sera, o in altro momento di raccoglimento, questi versi ci parleranno, ci consoleranno, ci ammoniranno fraternamente, amorevolmente. Leggendoli, sentiremo "la voce – delle stelle, dell'acqua, del silenzio – la trama antica dei pensieri – che non conosce – schiavitù del tempo".

Rimarranno le liriche di Lisanna tra le opere di poesia più intense che la nostra Ossola ha visto nascere. Con l'augurio che travalichino il confine, geografico e temporale.

Raffaele Fattalini

Ed io mi guardo vivere

Ed io mi guardo vivere

Non ha la stessa voce
il vento d'autunno
e le favole
che un tempo sembrarono vere
ora incrostano l'acqua
di prima mattina.
Pallido è l'ultimo fiore
in un prato già spento,
tremano appese ai vetri
evanescenti falene.
Ed io mi guardo vivere
ma sono già lontana.

Sguardi

Metà novembre

Ritorno a questa strada
solo per incontrare
i miei fantasmi.
Sono nati dal ventre dei miei sogni,
appassiti uno alla volta
come stanchi fiori
a metà novembre.
Lungo il cammino occhieggiano
i fuochi fatui delle tue parole
e già s'avvinghia la nostalgia
ai miei passi
e li riscalda
come a metà novembre
l'ultimo sole.

Fantasmi

Spegnerò ogni rumore
per sentire
i miei fantasmi.
Vanno vagabondando
come randagi gatti
dietro le porte chiuse degli anni.
Poi al mio orecchio
accostano la voce
delle stelle, dell'acqua, del silenzio
la trama antica dei pensieri
che non conosce
schiavitù del tempo.

Di notte

È di notte che scorrono i fiumi
della memoria e forse del rimpianto
È di notte che volano i treni
e non si fermano
luci come stelle senza nome.
I treni nella notte
mi portano via.

Figlio

Ti ho detto addio
il giorno stesso
che hai lasciato il mio grembo.
Grande aquila bianca
la vita ti ghermiva
per fare del mio piccolo frutto
un uomo.
Adesso a me ritorni
come tremante rondine ferita.
Nel fondo caldo del mio cuore
sei mio per sempre.
A Gisella e Pinuccia, e ai loro figli perduti

Ai miei figli bambini

Che cosa passa
dietro la tua piccola fronte?
I tuoi ricordi
non vanno lontano
ma i sogni
quelli sono infiniti.
Forse nuvole bianche
in un cielo di smalto
forse un grido
di animale ferito
forse l'occhio di Dio.
La mia mente galleggia
tra pensieri di morte
ma mi culla il galoppo
del tuo piccolo cuore
che cavalca la vita.
Piccola folleggiante primavera
questo tu sei
fiori ancora non nati
ma promesse di verde dappertutto.
Lieve vento
che rischiara i pensieri.

Quando invecchierò

Quando invecchierò
vorrei una casa
con una finestra sulla strada
per veder passare la vita
e quelli che hanno ancora fretta
e un motivo per correre.
E una finestra sul giardino
per veder passare le stagioni
ed i fiori accettare il loro ciclo
di vita e di morte.
Vorrei un tetto
di quelli che riecheggiano
il canto della pioggia.
E quando piove spegnerei la radio:
l'ascolterei cantare.

Il poeta

Non chiederò alla vita altro destino
che questo che mi tocca:
di sentire
il vortice che primo profanò
l'eternità del Nulla
l'altalena che sempre contrappone
La Luce al Buio
un continuo andare di pazze polarità
mentre tutto sarebbe così semplice
se solo mi fermassi a morire.
Ritornerei cometa.

E speriamo che piova

Restiamo
attaccati alla vita come l'albero
travolto dalla frana
che si contenta
di una sola radice.
Contempliamo
quel sole che un tempo ci fu amico
e ora dissecca
la nostra stanca vanità.
E speriamo che piova.

Al mio cane

La tua tristezza di cane
muta profonda inespressa
fatta d'occhi bagnati
tremito senza freddo
desiderio di fuoco e carezze.
La tua tristezza è la mia, oggi
io sono smarrita senza ragione.
Forse dividiamo lo stesso sgomento
d'essere vivi.

Che cosa resta

Che cosa resta dopo tanto andare
di tante mani strette voci volti
come fantasmi usciti dalle foglie
di un bosco all'imbrunire?
Ho attraversato gli anni senza fretta
eppure sono andate
rincorrendosi al volo le stagioni.
Tutto ha lasciato
un segno nel mio cuore
una traccia leggera che non pesa.
Cosa resta di tanto faticare
verso una vetta inutile?
La vetta è lì, riflessa nell'incanto
di una pozza di pioggia
con le mani le voci i volti
che hai amato davvero.

I sentieri della memoria

I sentieri della memoria
hanno angoli oscuri
dove fantasmi aspettano
seduti
senza fretta.
Tra le porte del tempo
socchiuse
sfilano gli anni
come gatti randagi
che non mi appartengono.

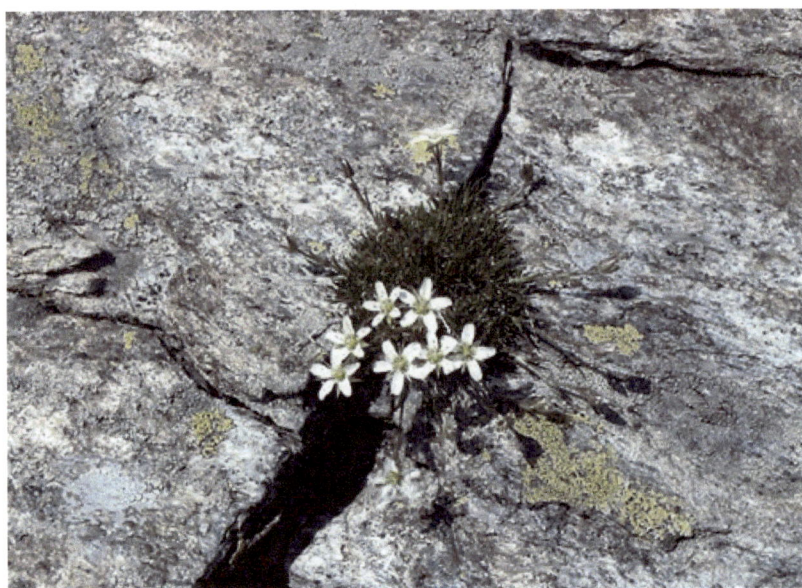

Ci sarà un fiore

Ci sarà un fiore

Ci sarà un fiore
se non basta il vento
acqua di fiume
a rovesciare il cielo
la tua squisita meraviglia…
e le nuvole passano
tenendosi per mano.

Buscagna

Non mi sembra realtà questo momento.
Mentre le nubi volano nell'acqua
onde di vento planano sull'erba
e in questo scrigno
– rocce assolate ed ombre azzurre
che vegliano il tuo sonno –
il mio cuore
scolora…

Abisso

Tra la nebbia
tagliente sorriso d'argento
la vetta m'invita.
Sei lì, raggiungibile sogno!
Che importa
se artiglio di vento
svelerà – mortale –
l'abisso.

E salirò

… e salirò ogni sera
in punta di pensiero
sulle strade segnate dalle rondini
per raggiungere te
dove riposi,
e ogni mattina
sveglierà l'azzurro
la mia testarda nostalgia
per seguire i tuoi passi.

La mia impronta

Passa
dove ho lasciato
la mia impronta
la mia mano amorosa
un riso
un'eco.
Finché dura il ricordo
io ti amerò
cantando.

Verde fragranza

Verde fragranza
indugia
la sera affonda
dita d'ombra
tra i pini…
Dove mi porti,
felicità?

Per te

Per te potrei scrivere un poema
una canzone di legno e di pioggia
potrei alzarti come un vento estivo
sopra le nostre essenze.
Ma resto
ancorata alla terra.

Vento

Come schianta il vento tra le gole
in questa notte nera più del buio.
Ma è dolce il tuo respiro nel sonno
ed ora il vento
è un canto tra gli abeti.

Pensiero

Se non avessi te
pensiero
che mi dài ali di falco
tra le nuvole
occhi di stella
passi di farfalla
ed un cuore
finalmente appagato.

Pazza notte

Mentre viviamo
sopra questo prato
la pazza notte
della nostra vita
– che nemmeno a noi stessi
sapremo mai spiegare –
siamo gocce di stelle.

Racchiudi l'attimo

Racchiudi l'attimo
tra le mani socchiuse
paura vibrante
di passero ferito.
Come luce accesa
lascialo scendere
lungo le vene.
Perché diventi eterno
racchiudi l'attimo
nella dolente misura
di un battito
di cuore.

Laguna grigia

Oltre la guancia gelida dell'acqua
passa radente un volo:
carezza non osata
che ritorna in volute
sempre più larghe
sempre più lontane.
E l'aria è muta
non ci sono parole
né riflessi
anche la luce è assente
come in un quadro grigio di laguna.
Dal fondo sale
un rintocco spettrale
di campana.

Se un pensiero improvviso

Se un pensiero improvviso
affiora tra le rocce
come alito di vento inaspettato
e ti colpisce la domanda oscura
– o forse è la paura
della risposta –
lasciati andare
all'onda amara:
ti porterà
struggendo
alla mia riva.

Occhi di luna

Vorrei occhi
di luna piena
perché più grande sia la meraviglia
del mio cuore ubriaco
e raccogliere a sorsi d'assetata
la luce che credevo non concessa.
Ma dove e come
nasconderò la spina
che già mi punge il cuore
quando il mio plenilunio
sarà ombra?

Intimità

Ti vedo
nei freschi cieli ottobrini
aria di stelle e di fumo
passi che al buio
troveremmo insieme.

Ti sento
nell'odore di foglie notturne
sentieri immobili all'erta
dove i sogni furtivi
calpestano l'ombra.

T'insegnerò la sfida

T'insegnerò la sfida:
a osare dove
la ragione cade
ed il cuore è gigante.
T'insegnerò a sognare
a costruire ponti con le nubi
e scavalcare il tempo.
T'insegnerò a volare.

Stelle cadenti

Come fiamme di stelle cadenti
nel nostro cielo di carta
bruciamo il breve istante
la nostra canzone senza applausi.

Non saremo che sassi domani
ma lascia che brilli stanotte
la nostra illusione.

Rondini alla deriva

Com'è nera la vetta
così profonda la nuvola
non c'è ala di falco per colmare
questa distanza.
Eppure
continuiamo a volare
rondini alla deriva
senza cielo.

L'ultima rosa

L'ultima rosa
coraggiosa
si offre
al vento amaro di dicembre
forse vergognosa
di non esser perfetta.
Ha maturato
il suo ardito bocciolo
a una scommessa.
Silenziosa a novembre
adesso canta
e il suo cuore
il mio cuore impigrito
ancora invita
alla sua giostra.

Quando credevo

Quando credevo tutto già vissuto
e la mia storia un quadro
appeso al filo della memoria,
un amore ha bussato alla mia fede,
solitario, improbabile fiore
nella crepa di un muro,
fuori stagione e fuori convenienza,
quintessenza del rischio.
Che cos'è questo amore
che vivrà solo del temporale
che schianta gli altri fiori?
Questa luce che vibra
in fondo all'ombra
dove deve nascondere il suo stelo?
Questo amore è milioni di parole
che la tua bocca cuce,
è l'acqua che la mano disperata trattiene.
Ma le parole
come vani aquiloni al cielo affido
e l'acqua lascerò andare,
che sia sul fondo della terra
o al mare.

Non so dove

Non so dove non so quando
nelle pieghe del tempo
o della memoria
nei giardini del futuro
dove i nostri sogni si incontrano
riavrò
il dolce peso del tuo sonno
sopra il mio cuore.

Il lupo e la cerva

Il lupo e la cerva camminano insieme.
Lui ha la rabbia delle tempeste
l'oscurità delle leggende
nei suoi occhi di fiamma.
Lei ha una valanga sotto gli zoccoli
una corona di fiori sul collo.
Non è previsto
che camminino insieme
in nessun luogo e in nessun libro.
La sera che arriva li coprirà di foglie
li cullerà col fiato di una nuova poesia.

Memorie

Nonna Teresa

Ritroverò i tuoi passi sul sentiero.
La gialla luce d'erba novembrina
mi guiderà alla porta
che il tempo ha chiuso
col ricamo dell'edera.
La mano appoggiata alla scala
tu guardavi alla valle i figli andare
uno alla volta
e un incerto destino unica dote.
Poche lacrime ti erano concesse
asciugate al grembiule.
Nascondevi la tua discreta dignità
nel canto del camino.
Oggi ritorno a quella pietra spenta:
ridammi, nonna, il fiato di un racconto
che più nessuno ascolta.

Canzone

Tempo che passi con la fronte bianca
cancelli la memoria della vita
tra queste porte, sopra queste scale
stringi il mio cuore con le verdi dita.
Come un respiro esala la fragranza
tra morte crepe.
Dove indugia il dolce vento di marzo
esplode un nuovo fiore:
eco di vita nella lontananza.

Tramonto

In quell'occhio di prato
socchiuso al cielo
ho lasciato il mio sogno:
fatto di pane senza troppo sudore
di legna secca al fuoco
di notizie dai miei figli emigrati.
Dentro il baule
ho lasciato ogni mio avere:
la scodella, il grembiule, il calendario
– vecchio – ma tanto i santi
sono sempre gli stessi
come i giorni infiniti
sotto la neve.
E quel cerchio di fumo
l'orizzonte sbiadito
la memoria, la pazienza, il solitario
dolore prima della fine
prima del ritorno
a quell'occhio di prato.

Pietre

Dormono sotto la neve
i tuoi passi ansimati
le tue mani nodose di castagno
i tuoi occhi di nuvola.
Dietro scarne cortecce
ha inanellato il tempo
troppi inverni.
Nessuno più ricorda le tue pietre
che chiedevano al monte
una manciata in più di fieno
e verso l'alpe
alle mandrie segnavano il cammino.
Quando pungeva il freddo della sera
sicuro abbraccio
al cerchio dei figli intorno al fuoco.
Una sull'altra, sopra quelle pietre
le tue mani innalzavano preghiere
senza parole
monumenti a una fame dignitosa.
Tu, montanaro, senza domande
guardavi il cielo
come un vecchio faggio,
posando il tuo calmo coraggio
la tua lunga fatica senza gloria
mentre affondavi le tue amare radici
nella Storia.

Stella stellina

Stella stellina
sono una bambina alzata all'alba
livide mani, scarpe di legno.
Freme il sentiero di neve,
la mia cartella è uno straccio cucito.
Ho due pezzi di pane: quello bianco
crederò sia formaggio.
La mia lunga treccia,
lavata alla fontana,
non ha nastri
domani mamma la venderà
in cambio di un grembiule.
Vorrei restare al caldo
tra le mie capre
ma devo imparare a contare..
Stella stellina
anche una contadina sa sognare.
E la montagna è fredda, lungo il bosco
ma ti ringrazio
per la piccola scuola che mi dài.
Se sarò buona
finirò la prima.

Parole d'acqua

Alluvione

Devastante al tuo petto
il ruggito dell'acqua
s'è zittito.
Crocifissa al tramonto
mostri aperte
le tue ferite.
Rassegnata e non vinta
ti prenderò per mano
vecchia amica.
Non sono meno amare
le ferite del cuore.
Sotto la neve
ritroveremo intatte
mille radici
e nuovo verde
ricoprirà domani
le nostre frane.

Montagna amara

Anche se amara
la montagna è mia.
Ho nel cuore le vene
dei suoi sentieri
e so il colore
delle sue stagioni
– anche quelle invisibili –
l'umore di tutti i suoi torrenti.
Non puoi strapparla a me
con una mano.
Lasciami alla mia pietra
dove poso
la breve eternità
del mio cammino.

Vecchio larice

Guardami
come il tronco di un vecchio larice
flagellato rugoso contorto
neppure più spicca nel bosco
la sua statura divelta
dagli anni.
Allora vedrai le tempeste
e il bianco torpore
e i risvegli
il profumo di brevi estati
e il dolce sole d'autunno.
E ancora più grevi gli inverni
le sue vene scosse
nel solitario delirio
nemmeno una voce
nemmeno una mano
e il tronco esplodeva di luce
in gocce di resina
amare.

Monte Leone

Il tuo stanco profilo
tra nuvole di cera
mi accompagna stasera
nel ricordo
delle nostre esistenze
affratellate.
In te riposa la mia dolce voglia
di eternità
e la mano fumosa che accarezza
la tua guancia di vecchio monte
da me impara una vita
che dura solo un attimo
e scompare.

Solitudine

La solitudine è la mia bandiera.
Anche tu contro il cielo inutilmente
tendi i tuoi rami.
Solo il sole al tramonto ci conosce.
Quando anche gli uccelli dormiranno
sotto ali di vento
per me soltanto batterà nel buio
il tuo cuore di legno.

Essenza

Parlami
con la voce dell'acqua
o il mareggiare del vento
Accendi in me la furia
delle tue bufere
la pace dei tuoi silenzi azzurri
Montagna mia
tu che appartieni all'onda
del mio sangue
nella mia essenza brucia
il canto giallo delle tue ginestre.

Fragile eternità

Andrò incontro al domani
come fai tu, Montagna
forte
della tua incerta stabilità
fiera
delle tue vette immacolate
che il progetto del tempo
già cancella.
Mentre abbraccio la luce
che già incendia
le tue effimere creste
e le mie ali
posso illudermi ancora
che sia eterno
il canto del mio cuore
e dei ghiacciai.

Ghiacciaio

Non svegliate le mie ferite
che dormono come il blu
sul fondo dei crepacci.
Lasciate che mi culli
questo silenzio irto di pinnacoli
e di nubi schierate all'orizzonte
come legioni di fantasmi.
Anche il ghiacciaio porta sulle spalle
il peso dei suoi secoli
e alla valle che sarà la sua fine
piega i bianchi seracchi
arreso.
Ciottoli pietosi coprono
le sue vene aperte.
Nell'ultimo grigio pianto
raccolgo il suo tormento
e la sua gloria.

E sarà per amore

Un giorno la Montagna
mi prenderà con sé.
In una notte di bufera
o in un mattino di sole
sarà un passo sbagliato
o la valanga
il fulmine d'estate
o il sentiero perso,
la gelata improvvisa.
Con imperscrutabile evento
o banale distrazione
Lei mi vorrà con sé.
Non pensate allora
che sia per cattiveria,
sarà solo per amore.
E allora, per favore
lasciatemi dormire
come Lei mi ha voluta
tra le sue braccia.

Se me ne andrò

Sento che vi appartengo, rocce grigie
dove la luce intesse le stagioni
e il muschio gli anni.
Vi appartengo, licheni e tronchi sfatti
e germogli d'aprile
e canzoni del vento.

Se me ne andrò, non sarà per sempre:
ritornerò, in germogli e licheni
e insieme al vento
farò volare le mie canzoni.

Finale

Noi siamo quello che amiamo.
Io sono l'acqua, sono l'erba
sono il larice piegato dal vento.
Sono la strada silenziosa nell'ombra
sono la felce e l'ortica.
Sono la pietra rovente
dove riposa la vipera
e il cielo freddo
che il volo dell'aquila squarcia.
Io sono là
dove scende la notte
e dove comincia il mattino.
Per questo non morirò:
continuate a cercarmi
tra le mie montagne
e ovunque troverete scolpite
le mie parole d'amore.

Sommario

www.ingramcontent.com/pod-product-compliance
Lightning Source LLC
Chambersburg PA
CBHW041531090426
42738CB00036B/111